Découvrez l'histoire par les archives de presse

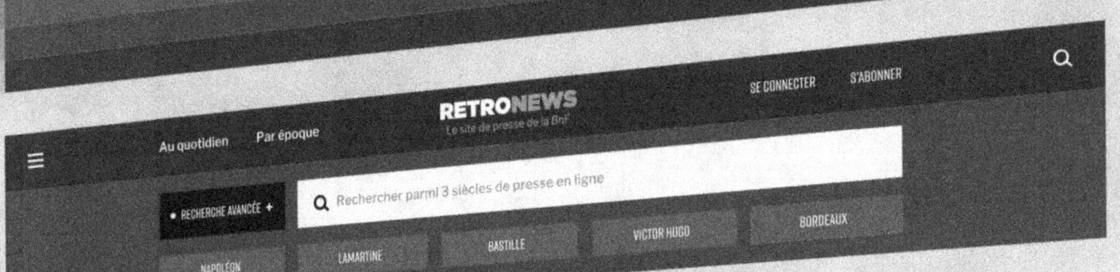

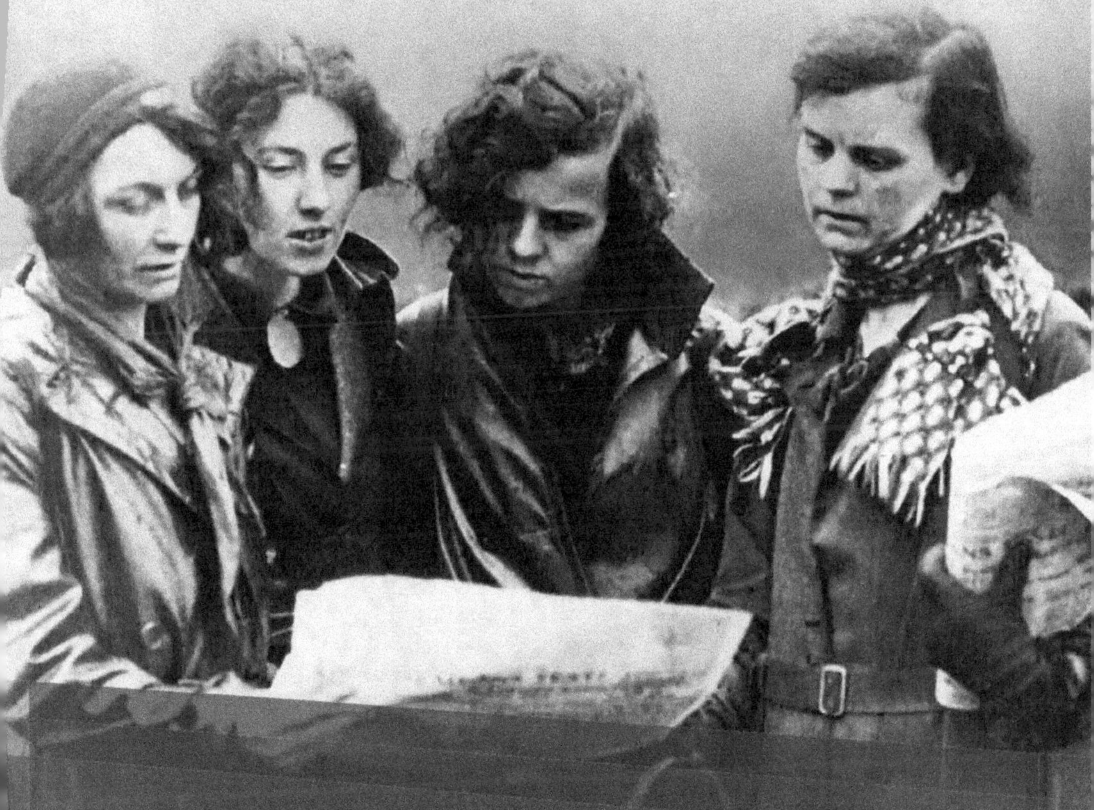

RETRONEWS

Le site de presse de la BnF

www.retronews.fr

LE JOURNAL BIJOU

M. ÉMILE PÉREIRE (O. ✸)

Député de la Gironde

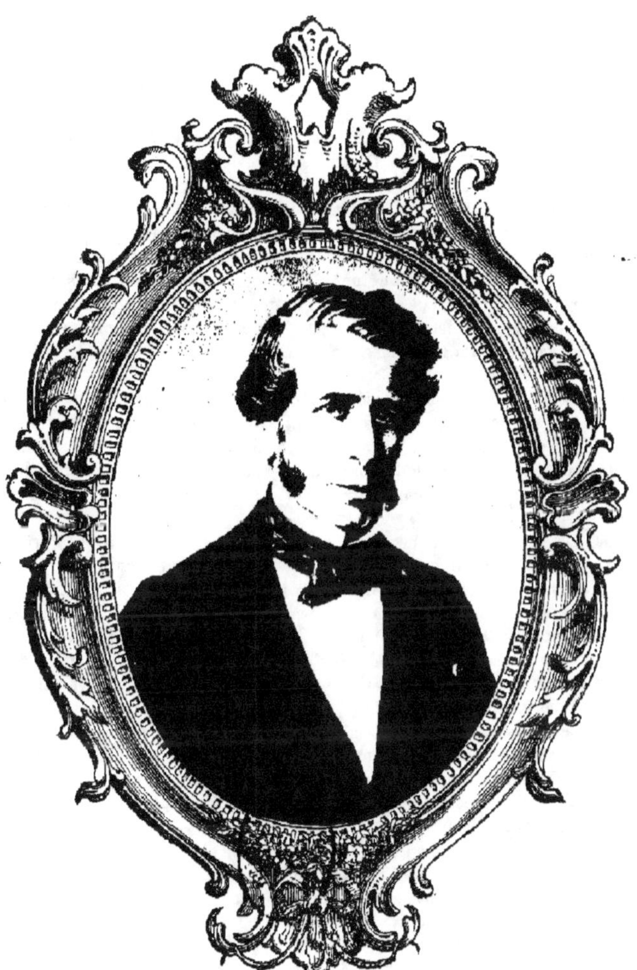

BUREAU

Rue Malbec, 91. — Bordeaux.

LE JOURNAL BIJOU

M. ÉMILE PÉREIRE (O. 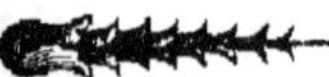)
Député de la Gironde

NOTICE BIOGRAPHIQUE

M. Émile Péreire est né avec le siècle, le 3 décembre 1800. « Il descend, dit M. Hippo-
lyte Castille dans son intéressante étude biographique, d'une des plus anciennes et des
plus recommandables familles de cette industrieuse et active colonie israélite portugaise
qui vint s'établir dans le Midi de la France, au commencement du siècle dernier, pour
échapper aux persécutions ou à la ruine.

Après d'excellentes et fortes études dans sa ville natale, M. Émile Péreire vint à Paris ;
il était jeune, il était laborieux, aucune difficulté ne l'effrayait et, en même temps qu'il
s'initiait aux théories de l'économie politique, il se familiarisait avec la pratique des opé-
rations financières dans les fonctions modestes de courtier de change. Les notabilités de
la banque avec lesquelles il était en rapport ne tardèrent pas à apprécier l'intelligence et
l'esprit hardi du jeune Bordelais qui, du reste, dès 1830, conçut le plan d'un projet de
banque qui devait protéger le commerce contre la crise financière de la révolution. Cette
idée donna plus tard naissance au Comptoir national d'escompte.

La question des chemins de fer, qui reçut de l'école saint-simonienne une si vive im-
pulsion, fut le point de départ des grandes entreprises industrielles et financières aux-
quelles M. Émile Péreire devait associer son nom. Le petit chemin de fer de Paris à
Saint-Germain, pour lequel M. le baron de Rothschild fournit le capital, servit de début à
cet esprit énergique et convaincu, qui avait dit : « J'écrirai mon idée sur le sol, et je lui
donnerai corps et consistance. »

En 1846, M. Émile Péreire fut nommé administrateur du chemin de fer de Paris à Lyon,
et prit dès lors une part active à la création et à l'organisation financière de plusieurs
lignes importantes, nous citerons la ligne du Nord et le chemin de fer de Paris à Lyon.
Enfin il couronnait par la création du Crédit mobilier, fondé avec le concours des ban-
quiers et des capitalistes les plus influents de l'Europe, son œuvre gigantesque, qui em-
brasse aujourd'hui le chemin de fer du Midi et le réseau pyrénéen, les chemins de fer de
l'Ouest et de l'Est, les omnibus de Paris, le Gaz parisien, la Compagnie générale maritime
et la Société des immeubles Rivoli, le grand hôtel du Louvre et le Grand-Hôtel, etc., etc.,
le service transatlantique de Saint-Nazaire au Mexique, etc. L'influence du Crédit mobilier et la puissante action de la maison Péreire s'étendent à l'étranger sur les chemins
autrichiens, l'Ouest et le Central suisses, les chemins espagnols et russes, la Banque otto-
mane, le Crédit mobilier espagnol, la Compagnie de canalisation de l'Èbre, etc., nous en
passons, et des plus importantes.

Si nous ajoutons que M. Émile Péreire, qui occupe une si haute position dans le monde
financier et politique par son intelligence et son initiative, est resté simple et bienveillant
pour tous, et fait de son immense fortune le plus noble et le plus généreux usage, nous
aurons donné une idée de son mérite et de son caractère.

Sa modestie l'avait jusqu'à ce jour tenu éloigné des assemblées politiques, et c'est le
département où il est né qui a voulu lui confier le mandat législatif. 18,651 suffrages contre
5,982 donnés à son concurrent, M. de Lur-Saluce, ont porté M. Émile Péreire à la Chambre, où son expérience des affaires, son patriotisme et sa compétence dans toutes les
questions financières et administratives trouveront de nombreuses occasions d'éclairer le
travail des commissions et des discussions publiques.

(Biographie des Députés).

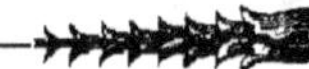

LE JOURNAL BIJOU

M. VIANNEY

Curé d'Ars

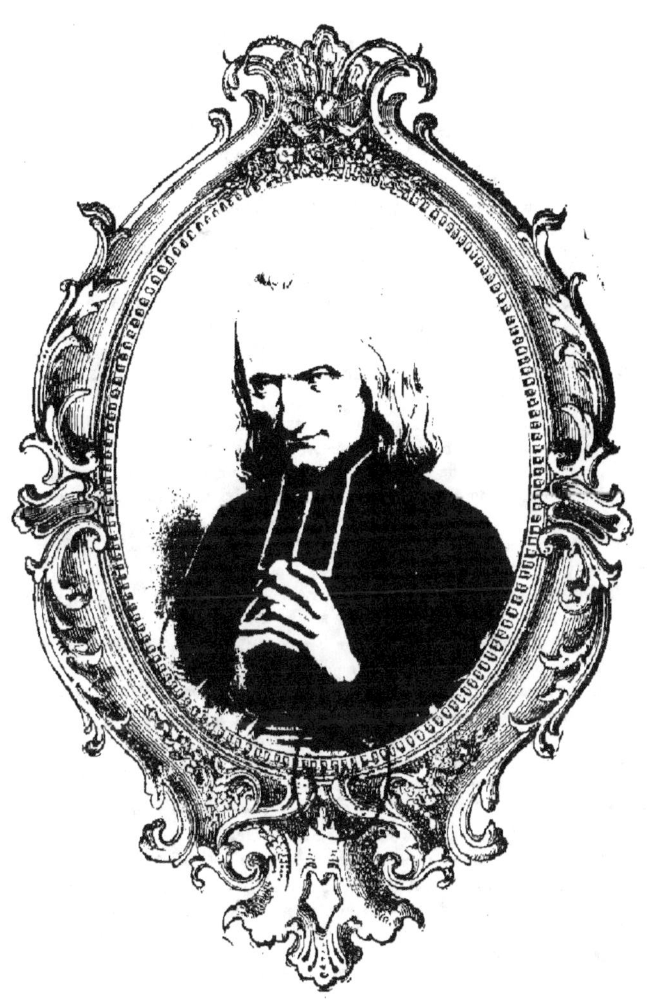

BUREAU

Rue Malbec, 91. — Bordeaux.

Mai 1866 — 2ᵉ Volume

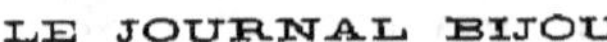

M. VIANNEY

CURÉ D'ARS

—

NOTICE BIOGRAPHIQUE

———

Vianney, (Jean-Baptiste-Marie) naquit le 8 mai 1786 à Dardilly, village du diocèse de Lyon. Ses parents pieux et craignant Dieu inondèrent sa jeune âme de ce parfum d'amour et de vertu qui en fit dans la suite le plus saint prêtre de notre temps.

Au sortir de la révolution, alors que l'église commençait à reparaître plus brillante et purifiée par la persécution, sa piété tendre et naïve attira les regards du curé de la commune d'Ecully. Ce saint prêtre n'eut pas plutôt aperçu le jeune Vianney, qu'il distingua en lui les signes évidents d'une vocation sublime. Dès lors il le prit en affection et le prépara au sacerdoce. Les épreuves ne furent point épargnées au jeune étudiant pendant tout le cours de ses études ; mais, les regards fixés au ciel, et sûr de la protection divine, il avança toujours sans se décourager ; enfin, après avoir subi ses examens, il fut fait sous-diacre le 2 juillet 1814 et promu au diaconat l'année suivante ; six mois après il était revêtu du caractère sacerdotal.

Ce qui se passa alors dans son âme, nous n'essaierons pas de le décrire, Dieu seul le sait... Nous ne dirons pas non plus ses incessants travaux et ses glorieuses luttes de trente-cinq ans avec l'esprit du mal. Il a eu un zèle immense et nous avons trop peu d'espace. Nous nous bornerons seulement à esquisser les principaux traits de sa laborieuse vie,

A peine l'abbé Vianney avait-il reçu l'onction sainte qui fait les prêtres, qu'il fut nommé vicaire d'Ecully. Là, bien loin de se refroidir, son ardeur pour l'étude et la vertu s'accrurent de plus en plus. Persuadé qu'après la chasteté la vertu que Dieu aime le plus dans le prêtre est la charité, il la pratiqua jusqu'à se priver d'habits.

Après la mort du curé d'Ecully, l'abbé Vianney fut nommé curé d'Ars. Beaucoup d'abus et peu de piété régnaient dans cette paroisse, mais l'ardeur du nouveau curé était grande. Il se mit aussitôt à l'œuvre et bientôt l'adoration perpétuelle, la pratique de la fréquente communion, la prière du soir en public et les confréries furent établies dans la paroisse. C'était beaucoup. Il n'était plus seul. Dès lors, entouré de sa petite phalange il entreprit d'abolir les cabarets et les bals qui étaient un obstacle à la sanctification du dimanche, et il eut bientôt la consolation de voir le succès couronner ses efforts. Telles sont, en abrégé, les œuvres du curé d'Ars, œuvres de cet amour tout divin qui veut que Dieu soit aimé et qui tient toujours son œil fixé sur le ciel, mais cet amour n'est jamais seul, il en produit toujours un autre qui regarde la terre et s'épanche sur les malheureux.

Entouré de misères, longtemps il chercha le moyen de les soulager. Il fonda enfin la providence, où les orphelines trouvaient un abri et une instruction modeste, il est vrai, mais suffisante pour ces pauvres filles dont le but devait être plus tard de servir les autres. Malgré la sainteté du but de son œuvre, le saint curé eut pourtant la douleur de la voir disparaître.

Chargé d'années, succombant sous le fardeau de tant de labeurs, glorifié par la vertu, M. Vianney alla le 4 août de l'année 1859 recevoir dans le ciel la couronne que Dieu réserve à ses saints.

A. G.

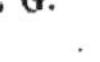

LE JOURNAL BIJOU

M. GARNIER-PAGÈS

Député de la Seine

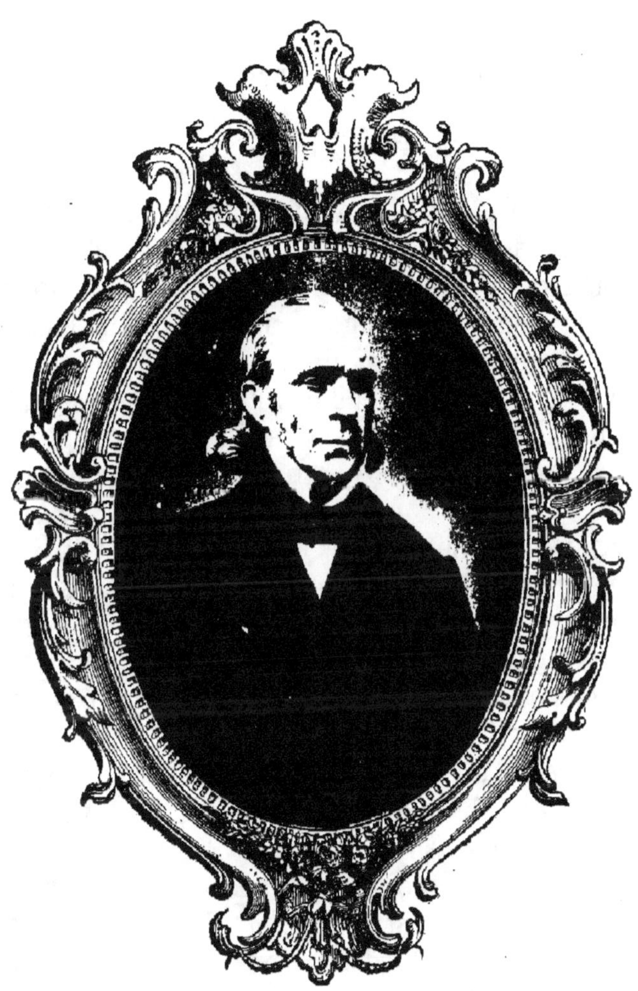

BUREAU

Rue Malbec, 91. — Bordeaux

M. GARNIER-PAGÈS

Député de la Seine

—

NOTICE BIOGRAPHIQUE

—

M. Garnier-Pagès (Louis-Antoine) est né à Marseille en 1805. Il vint à Paris pour exercer une charge de courtier de commerce. Il prit une part active à la révolution de juillet. Quelque temps après, ayant recueilli l'héritage parlementaire de son frère, il fut envoyé à la Chambre par l'arrondissement de Verneuil et vint prendre place sur les bancs de la gauche. A la chambre, M. Garnier-Pagès s'occupa de préférence des questions financières et économiques.

Survint la révolution de 1848. M. Garnier-Pagès fut nommé membre du gouvernement provisoire et ensuite chargé du portefeuille des finances. On sait quelle crise il fallait traverser. Après diverses mesures utiles, M. Garnier-Pagès proposa le fameux et regrettable impôt des quarante-cinq centimes.

Élu représentant à la Constituante, M. Garnier-Pagès ne fut pas réélu à l'Assemblée législative; depuis lors il se tint en dehors des affaires politiques. Entre autres travaux, on doit à l'ex-membre du gouvernement provisoire une histoire détaillée de la *Révolution de Février*. Il avait pour compétiteurs : MM. Frédéric Lévy, Th. Bac et Tolain; 14,444 voix, sur 22,404 votants, ont assuré son élection.

(Biographie des députés)

LE JOURNAL BIJOU

M. EUGÈNE PELLETAN

Député de la Seine

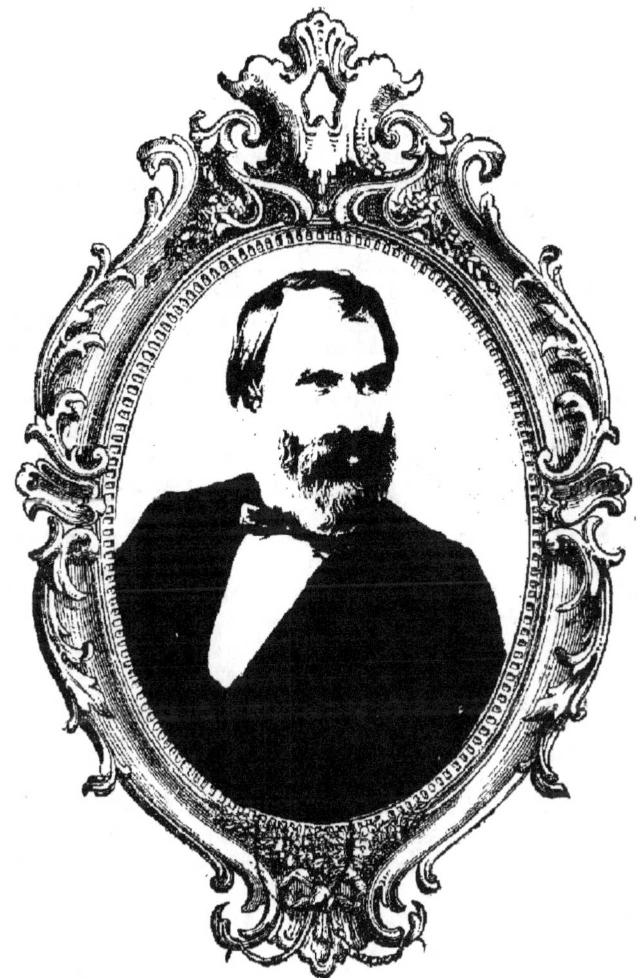

BUREAU

Rue Malbec, 91. — Bordeaux

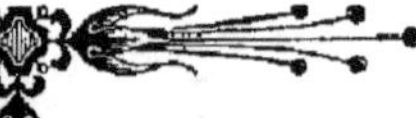

M. EUGÈNE PELLETAN
Député de la Seine

NOTICE BIOGRAPHIQUE

M. Eugène Pelletan, fils d'un ministre protestant, est né à Royan en 1814. Il vint à Paris en 1833, pour suivre les cours de droit. C'est toujours sous prétexte de droit ou de médecine que les jeunes gens quittent leur province. A peine débarqué, Eugène Pelletan s'informe où est situé le collége de France et la Sorbonne, et ne quitte plus les cours de Jouffroy, de Laromiguière, de Michelet et de Lerminier. Ses parents lui écrivent pour lui demander où il en est de ses inscriptions, il répond qu'il en est à la triplicité phénoménale. Il se lie avec les disciples de Saint-Simon, fait des vers, court l'Allemagne, voyage en Italie, le sac sur le dos, et rentre en France pour faire visite aux phalanstériens qui le reçoivent à bras ouverts. Jusque-là Pelletan n'a pas marqué, ce n'est qu'un talent inédit. Il fait la connaissance de George Sand, qui lui ouvre la *Revue indépendante*. Premier début, premier succès. De là il va à la *Revue des Deux-Mondes*, mais la figure de M. Buloz l'effraye et il passe à *la France littéraire*. Déjà on commence à savoir le nom du jeune écrivain. Il devient l'ami de M. de Lamartine, qui le fait entrer à *la Presse*. Il y insère d'abord quelques romans peu remarqués. A cette époque, M. Pelletan n'avait pas encore trouvé sa voie, il la cherchait avec courage. Son style se ressentait de l'enflure des premières années. Bientôt il publie ses remarquables critiques signées *Un inconnu*, et de ce moment sa réputation est solidement établie.

Il abandonne *la Presse* pour quelques mois et entreprend de fonder un journal quotidien, *le Dix-neuvième siècle*. Ce qui manquait à cette feuille, ce n'était pas le talent, mais l'argent. Il rentra à *la Presse* où il resta jusqu'à la révolution de février. M. de Lamartine lui offre un commissariat dans les départements de l'ouest ; il le refuse et vient prendre place à côté de M. de La Guéronnière au *Bien public*. Porté candidat aux élections générales de 1848 dans le département de la Charente-Inférieure, il obtint une respectable minorité de 30,000 suffrages. Plus tard il rentra à *la Presse*, où il reprit le sceptre de la critique.

L'œuvre littéraire et philosophique de M. Pelletan est aussi considérable que variée ; il a abordé presque tous les genres : Le roman littéraire et philosophique dans *la Lampe éteinte*, l'histoire dans *les trois Journées de février*, la théologie dans *les Dogmes, le clergé et l'État* et dans l'histoire du *Brahmanisme*, la critique dans la vie de Condorcet, les *Heures de travail*, recueil d'articles de journaux. On lui doit aussi la *Profession de foi du dixneuvième siècle*, la *Nouvelle Babylone*, et dans ces derniers temps un assez grand nombre de brochures d'actualité.

Candidat aux élections de 1863, M. Pelletan a vu son élection cassée pour un vice de forme. Il a été réélu au second tour de scrutin. Il avait pour concurrent M. Picard d'Ivry. Il a pris dans la session actuelle deux fois la parole dans le débat sur la vérification des pouvoirs et dans la discussion de l'adresse. La forme élevée et souvent poétique de ses discours gagnerait à s'allier aux formules conciliantes qui caractérisent le langage parlementaire. L'âpreté de la parole irrite et ne persuade pas.

(Biographie des Députés).

BIJOU! BIJOU! A LA RESCOUSSE!!

En ce temps-là, il y avait dans Babylone deuxième un moraliste de grand esprit qui s'était attaché quelques apôtres, lesquels faisaient de la morale à qui mieux mieux à l'exemple de leur Maître;

Un jour le Maître rassembla ses apôtres au nombre de quatre et leur tint ce discours : « La parole est un don de Dieu, mais » c'est un don imparfait; elle est insuffisante à l'homme qui » éprouve le besoin de répandre ses lumières sur l'univers » entier : donc, mes frères, il y a urgence de remédier à cet » obstacle qui s'oppose à ce que nos belles pensées se produisent » parmi la foule des humains et à ce que nos noms deviennent » immortels. »

Le Maître fit une pause ; l'auditoire était attentif et recueilli.

Le Maître reprit : « L'intelligence nous a été donnée afin de » pouvoir tirer parti de nos facultés et de les faire contribuer » à nous assurer une existence heureuse; or, la parole nous a » rapporté peu de chose jusqu'ici, et j'ai pensé que l'écriture » nous serait peut-être plus lucrative : c'est pour vous sou » mettre cette idée, à laquelle je vous prie de vous associer, que » je vous ai rassemblés. »

Les dernières paroles du Maître avaient excité un enthousiasme indescriptible parmi les apôtres, qui tous s'élevèrent et crièrent : Hourrah! l'oracle a parlé.

Le Maître dit encore :

« Ainsi, je fonde un journal que vous remplirez chaque jour de vos écrits. Je suis d'avis de ne pas perdre de temps et de procéder de suite au baptême de cette feuille qui doit nous conduire tous au temple de mémoire. »

« Je propose le nom de *Lampion* dit le premier apôtre. »

« Je crois que le nom *d'Éclair* serait préférable fit le deuxième. »

« Cette feuille doit s'appeler *l'Astre* opina le troisième. »

Le quatrième, comme son devancier du convoi de Malborough, ne dit rien du tout.

Le Maître sourit et conclut ainsi :

Non, mes frères, mon journal s'appellera *la Fraternité*. C'est là un nom qui fait bien par le temps qui court et qui ne peut manquer de nous donner une foule d'abonnés.

Et après avoir choisi chacun leur rôle, ils travaillèrent tous à cette œuvre gigantesque qui devait arriver à la hauteur des pyramides d'Egypte, mais qui ne dépassa jamais les buttes Chaumont.

Quelques feuilles de province, feuilles candides s'il en fut, s'imaginèrent qu'elles pouvaient fraterniser gratuitement avec les apôtres de *la Fraternité*; il n'y avait là rien que de bien naturel, ce semble. Un petit journal, mignon et gentil comme son nom, *le Bijou*, partagea l'avis de ces feuilles candides ; et, plus naïf que celles-ci qui se paraient du manteau d'autrui comme s'il leur eut véritablement appartenu, il arracha une page de *la Fraternité* dont il se revêtit un jour, en ayant soin de lui donner pour socle la signature de l'apôtre qui l'avait écrite.

Mais le Maître grand esprit n'avait pas conçu l'idée de *la Fraternité* pour la plus grande gloire de ses apôtres. En la créant il rêvait l'immortalité pour son œuvre et non pour ses collaborateurs. Voyant sa *Fraternité* si bien exploitée, il eut un moment de délire, et dans sa folie il construisit un échafaud, lui dont le nom était si plein de mansuétude.

Et, soufflant à pleins poumons dans un mirliton qu'il avait acheté à la fête de St-Cloud, il cria à la foule étonnée en lui montrant l'instrument du supplice : « Malheur à celui qui » s'étant abreuvé dans l'un de mes ruisseaux louera les qua-» lités de l'eau de ce ruisseau sans parler du fleuve dans lequel » il se jette. Pour celui-là je me ferai bourreau et je l'attacherai » moi-même à ce poteau d'infamie. »

La foule se retira consternée.

A partir de ce jour *la Fraternité* devint une potence.

Le Bijou, en enfant du Midi, qui a l'oreille fine et dont la patience n'est pas la vertu capitale, *le Bijou* prit la mouche en entendant la menace, il releva le défi et, saisissant le provocateur au collet, il le planta ferme et dru sur la plateforme où il voulait faire monter les autres ! ! !...

On est puni par où l'on a péché.

Et voilà comment le journal *la Fraternité* fut mis au Pilori le premier jour du mois de mai, en l'an de grâce mil huit cent soixante-six.

On ne sait quand il en descendra.

Scipion TOBY,

ROSE ET PAPILLON

Je suis la sœur du papillon,
La fraîche rose au pur emblème ;
Je suis la fleur que chacun aime,
Je grandis seule en ce sillon.
Mon parfum est une prière
Qui s'élance aux pieds du Seigneur
Pour demander avec ferveur
Un jour de plus sur cette terre.

Nul ne sait mon tendre réduit
Au milieu des herbes fleuries ;
Seul, le papillon des prairies
Vient me visiter chaque nuit ;
Mais quand l'aurore, avec mystère,
Apparaît dans l'azur du ciel,
Moi je demande à l'Éternel
Un jour de plus sur cette terre.

Le soleil, de ses mille feux,
A dévoré ma robe blanche ;
Je mourrai peut-être dimanche ;
Que le papillon soit heureux.
La rose a fini sa carrière,
Un souffle expirant sous les bois
Demandait encore une fois
Un jour de plus sur cette terre.

Evariste CARRANCE.

ORATORIO DE NOEL 1850

San-Andreas (Amérique N. O).

Non Surrexit inter natos mulierum Major.

(S.-MATH. XI. 11)

CHŒUR :

Peuples, faisons éclater nos louanges
Du genre humain, Dieu vient briser les fers.
Unissons-nous aux légions des anges
Dont l'harmonie a réjoui les airs.
La femme, hélas ! fit condamner le monde
Dont Satan eut la domination ;
Mais une vierge, et sans tâche et féconde
Détruit le joug de son oppression.
Tribus, elle est le vivant sanctuaire
Du prêtre-roi qu'elle enfante en ce jour.
Oui, c'en est fait, plus d'esclaves sur terre,
Car de Jésus a triomphé l'amour.

UN GUERRIER,

L'éclat d'un astre au ciel vient d'apparaître
Le Vice-Roi sur son trône a frémi ;
L'Enfant Prodige au monde vient de naître
Il est de Rome un puissant ennemi.
Du sombre Hérode, un bataillon se lève,
Prince jaloux, sur ce maître nouveau
Tu vas brandir le tranchant de ton glaive !
Il n'a qu'un jour, et du mont à la grève,
Ta noire envie étouffe maint berceau.

UNE MÈRE,

Un ange a dit, de sa sphère étoilée :
De l'univers voici le rédempteur ;
C'est Miriam, la vierge immaculée
La vierge-mère, en qui naît un sauveur.
Tremblez, tyrans ! Oui malgré vous la femme
Dans vos palais désormais prend son rang :
Car Elohim sut la doter d'une âme ;
Impunément ne coule plus son sang.

César, que craint ta royauté mortelle ?
Une humble étable inspire tant d'effroi !
Le ciel promet la splendeur éternelle
A cet enfant qu'Elohim nomme roi.
Mais le fer brille et partout le sang coule :
Rachel, en pleurs des fils qu'elle a perdus,
Te crie : hélas ! ils tombent dans la foule !
Qui me rendra mes fils qui ne sont plus !

UN POÈTE

Adonaï recouvre son empire :
Oui trop longtemps Satan l'avait soumis ;
Sur l'univers dont la tribu soupire
De Jehovah vient s'immoler le fils.
Quand ce Dieu-Roi dont parle le **corps frêle**
Voudra partir de l'humble Bethléem,
Avec éclat à sa voix immortelle
Tressaillera ton val, Jérusalem !
Bientôt après sa puissante parole
Manifestée aux peuples éperdus,
Va du Jourdain au tremblant Capitole,
Vaincre et broyer les faux dieux abattus.

UN PROCONSUL

Noël, Noël ! admirable mystère !
Quel chant d'amour électrise les cieux ?
Quel hymne ardent magnétise la terre ?
D'où vient qu'un astre a lui si radieux ?
Noël, Noël ! c'est l'aurore mystique
De ce soleil, grand régénérateur,
Qui resplendit sur l'univers antique.
Noël ! Voici le divin Rédempteur !
Cette clarté, splendeur mystérieuse
D'illustres rois venus de l'Orient,
A dirigé la cohorte pieuse,
Qui contempla l'Enfant-Dieu souriant.
Ils ont connu Jésus, pauvre en ses langes,
A l'obscur trône où le mit sa bonté,
L'homme, le Dieu, le monarque des anges,
Le vrai dompteur de la férocité,

A l'homme, prosternés, ils ont offert la myrrhe,
(Des symboliques dons ils empruntaient le sens)
L'or le plus pur au roi de l'éternel empire,
Et dans leur humble hommage, au Dieu sauveur, l'encens.
    Que l'Enfant-Roi grandisse en ses alarmes,
    Sur les coupaux vénérés de Sion
Laissez-le, potentats dans ses lustres de larmes
    Mourir en Dieu pour l'expiation.
    Lorsque son sang aura béni la terre,
La gloire de son nom sur nous rejaillira,
Las de crimes, le monde à son gibet austère
Viendra s'humilier et s'agenouillera.

UN BERGER

Jeunes bergers, suivons l'ardente étoile
Que nous signale un sillon lumineux :
Un grand mystère aux peuples se dévoile,
Le roi promis est descendu des cieux.

UN ANGE

Quand sur ce globe où tout sommeille encore,
O nations quelle insigne faveur ?
Sur les tribus a resplendi l'aurore
De la naissance où Dieu donne un sauveur.
Au roi du ciel gloire ! et paix sur la terre,
Paix aux mortels de bonne volonté !
Ne craignez rien : par un don salutaire
Un nouveau roi vous rend la liberté ;

UNE BERGÈRE

Homme, une vierge ici vient d'être mère :
Adorons tous l'heureux fruit de son sein ;
Le Christ-Jésus immolé par son père
Veut de la mort sauver le genre humain.
Fier potentat ! A quoi te sert un crime
Lorsque du Ciel le droit est contre toi ?
Il ne fallait qu'une seule victime....
Ton adversaire éluda seul ta loi !
Vivantes fleurs, vous roses du martyre,
Que votre sang fit témoin du sauveur,

Salut ! Au glas vous avez pu sourire,
Par vous la rose eut sa vive couleur.

UNE REINE

Silence humain ! D'Ephrata la vallée
Vit s'émouvoir cette cité des rois.
Non loin des murs de l'étable isolée,
N'entend-on pas une angélique voix ?
Oui gloire à Dieu ! redit cette voix douce,
Comme un zéphir qu'appelle le printemps,
Comme le flot qui sur la verte mousse
Gaiment murmure et féconde nos champs.
Oui, gloire à Dieu ! paix à la pauvre terre :
Car la justice a fait couler du ciel
La sainte grâce, harmonieux mystère,
Et sur le monde a répandu son miel.

CHŒUR :

De l'étoile admirant l'immortelle lumière,
Comme les mages saints, fidèles accourons :
Du temps par vos vertus illustrant la carrière,
Au Jésus de l'étable offrez mystiques dons,
Ces présents accueillis de la réalité,
La myrrhe, le cachet de notre vie austère
L'or pur sanctifiant de notre charité.

UN PROPHÈTE

Vous que l'or fit nommer arbitres de la terre
Sachez, juges du siècle ; ô rois, instruisez-vous :
Cette naissance est pour vous un mystère......
Un faible enfant, là, vous domine tous.
Schahsl ! Empereurs ! qu'on l'aime ou qu'on le craigne,
Son droit divin jamais ne peut finir.
A lui le monde ; il faut partout qu'il règne.
Sa force attend ; mais il saura punir.
Vous passerez, César ! lui seul demeure,
Enfant Dieu-Roi, longtemps persécuté.
Pour l'attaquer, vous n'obtenez qu'une heure ;
Lui, Tout-Puissant, aura l'éternité ! ! !
A son berceau quand le peuple se presse

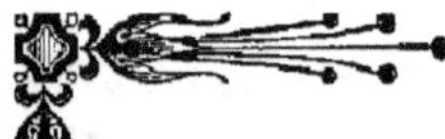

Le gai désert fleurira comme un lys.
Et du Liban retentit l'allégresse.
Saron, **Carmel** de beautés embellis
Celèbreront sa grandeur et sa gloire,
L'aveugle voit, le sourd-muet entend ;
D'un Dieu vengeur parlera la victoire.
Le sol aride est un lac éloquent,
Et le boîteux comme le cerf agile
Verra brisé le rocher du désert,
Au Christ rendu maint empire débile,
Des nations **au** roi le cœur ouvert.

CHŒUR GÉNÉRAL

Venu pour prendre en pitié la souillure
D'un monde infâme et prévaricateur,
Le Christ revêt notre faible nature,
Lui rend ainsi son antique splendeur;
Et par sa croix et sa longue souffrance,
Il a pour nous conquis la liberté...
Avec la foi ramenant l'espérance,
Il nous bénit tous dans sa charité.
Quelle **admirable** et divine victoire !
Oui du Dieu-Roi que l'amour incarna
Préconisons et le lys et la gloire.
Louange, amour, honneur à Ben Içah !
Noël, voici le Soleil de l'histoire,
Homme par lui s'explique ton déboire
A lui des cœurs l'éternel hozannah !

I. M. J.

Thoissey (Ain) 21 avril 1866.

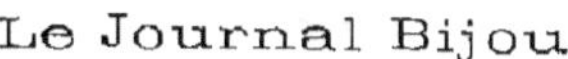

Le Journal Bijou

LA FONTAINE DE VAILLAC

LÉGENDE

(SUITE et FIN. — Voir les cahiers de février et de mars)

— O bonheur! s'écria la jeune fille, et un éclair de joie brilla dans ses yeux : mais hélas! ce ne fut qu'un éclair, et elle retomba dans sa morne tristesse.

— Insensée! reprit-elle bientôt, je me livrais à la joie comme si un tel rêve était réalisable! Oh! Thérésa, dans ta douleur tu veux me tromper, mais à quoi bon prolonger ma souffrance.

La pauvre gouvernante, à ces paroles, cacha sa tête dans ses mains et pleura amèrement. La triste vérité venait de luire à ses yeux; toutes ses illusions, toutes ses espérances s'étaient évanouies : celle dont elle avait reçu les premiers sourires, guidé les premiers pas, celle qu'elle avait aimée comme son enfant depuis le jour fatal qui lui avait ravi sa mère, allait mourir.

— O ma douce maîtresse, s'écriait-elle, n'était-ce point assez pour moi d'avoir fermé les yeux à votre mère, me fallait-il encore recueillir votre dernier soupir!

— Thérésa! Thérésa! s'écria tout à coup la triste Emma, écoute bien, Thérésa; quand je ne serai plus, console mon pauvre père, dis lui bien que je l'ai aimé jusqu'à ma dernière heure... Pauvre père! reprit-elle après un instant de silence, il doit être bien triste! Oh! surtout je t'en conjure, ne l'accuse jamais de ma mort, car, vois-tu, ma pauvre Thérésa, il a raison, il eut été inconvenant de m'unir à Vaillac,....

A ce nom d'un être si tendrement aimé, elle ne put achever; un douloureux soupir étouffa sa voix et ses beaux yeux s'obscurcirent sous les larmes.

Un silence de mort régnait dans la chambre; l'une, succombant sous la violence de son désespoir, déjà disait adieu à cette terre de souffrance; l'autre s'effrayait du vide affreux qu'une telle mort allait faire autour d'elle. Plus de ces sourires, de ces caresses qui jadis charmaient son âme; tout allait s'évanouir au souffle de la mort.

Cependant la vue de sa fille dépérissant chaque jour, et les sinistres prédictions des hommes de l'art firent à la fin impression sur l'âme du comte de W... Il craignit, s'il persistait dans son refus, de causer la mort de son enfant; cette pensée l'effraya et fit taire toutes ses répugnances.

Dès lors il chercha le moment propice pour annoncer à son Emma le bonheur inespéré qui l'attendait.

IV

Un matin du mois de juillet, le soleil s'était levé bien radieux et, rendant sa visite matinale à la belle Emma, un de ses rayons s'était glissé à travers sa fenêtre et était venu tomber sur sa paupière endormie. Sous ce pur baiser la jeune fille ouvrit les yeux.

— Le jour est bien beau, dit-elle en contemplant le ciel tout bleu, nous irons promener aujourd'hui.

— Oui, répondit Thérésa, c'est aussi l'avis de votre père et j'étais venu attendre votre réveil pour vous l'annoncer.

— Et Vaillac ! reprit la jeune fille.

— Oh ! Vaillac... Vaillac... n'en parlons pas, tout à l'heure vous l'allez voir ; maintenant habillez-vous promptement.

— Méchante !... C'est égal, je suis bien heureuse, ma bonne Thérésa, c'est dans huit jours qu'enfin je pourrai l'appeler du doux nom d'époux.

— Oui, dans huit jours, et, s'il plait à Dieu, vous serez forte alors et bien remise.

— Oh ! c'est déjà fait.

— Et vous serez belle aussi.

— Flatteuse !

— Et les pauvres heureux, car vous m'avez dit que vous vouliez que votre joie descendit jusqu'à eux.

— Oh ! oui, je veux que tout le monde soit heureux ce jour là ; je ne veux pas qu'une larme soit versée, qu'une plainte soit entendue, qu'un soupir gonfle une poitrine. Mais hélas ! ce bonheur sera borné à ceux qui m'entourent, et bien des malheureux resteront encore que je ne pourrai consoler. Oh !

que ne puis-je les atteindre tous ! j'aimerais tant à sécher leurs pleurs !

— Dieu y pourvoira, mon enfant.

— Je l'espère ! Ma prière s'envolera si ardente vers le ciel qu'il faudra bien que Dieu m'exauce.

— Excellent cœur, murmura tout bas Thérésa.

— Allons, je suis prête, partons.

Les deux femmes descendirent dans la cour du château où tous les gens les attendaient. Emma courut embrasser son père et donna sa blanche main à baiser au jeune Vaillac ; puis on monta à cheval et la petite troupe chevaucha gaiment vers le lac.

Le lac se trouvait à quelques kilomètres du château. C'était une nappe d'eau assez étendue et encaissée dans son lit à trois mètres de profondeur. Les eaux se précipitaient en tournoyant dans un gouffre. Les bords étaient tapissés de gazon verdoyant et ombragés de peupliers, de chênes et de saules, sous le feuillage desquels les gens du château venaient parfois respirer les fraîcheurs des matins et des soirs. Les oiseaux y nichaient, et leurs chants mêlés aux bruits des eaux et aux doux soupirs d'une brise embaumée plongeaient l'âme dans une si délicieuse rêverie que souvent on oubliait les heures.

Là s'assirent les joyeux promeneurs, et, pendant que les hommes sérieux s'entretenaient de leur vaillance, les jeunes gens, tout entiers au présent, ne songeaient qu'à jouir de leur bonheur.

Ah ! qui pourrait mesurer la joie que contient une âme qui, après avoir pleuré, souffert, désespéré, est enfin rendue aux sourires, à la joie, à l'espoir, et touche au jour délicieux qui verra tous ses désirs s'accomplir.

Telle était la jeune Emma : Folle de bonheur, elle courait de son père à Thérésa, leur prodiguant ses baisers et son amour qui, débordant de son cœur, ne cherchait qu'à s'épancher. Vaillac n'était pas oublié. Au défaut du baiser qu'elle ne pouvait encore lui accorder, il recevait les fleurs que sa blanche main cueillait et les doux sourires qui s'épanouissaient sur ses lèvres roses.

Cependant la conversation s'était animée, tous les groupes s'étaient confondus ; chacun parlait de bonheur ; le vieux comte en songeant qu'il avait été si près de perdre sa douce Emma, ne tarissait pas ; personne, à son dire, n'était plus heureux que lui, pas même le jeune Vaillac qu'il félicitait sans cesse du lot que lui avait réservé le destin.

Tout à coup un cri affreux se fait entendre. Tous les yeux soudain cherchent Emma, mais Emma avait disparu. D'un bond on se précipite sur les bords du lac et l'on aperçoit la malheureuse jeune fille entrainée par le courant et prête à rouler dans le gouffre. A cette vue, des cris de désespoirs s'élèvent de toutes les poitrines. Vaillac, seul, conservant un front serein, se précipite au milieu des eaux, saisit sa fiancée d'une main, et de l'autre, luttant contre les efforts du courant, l'amène à un endroit du lac où les bords moins élevés permettaient un sauvetage plus assuré. Mais hélas ! à peine Emma était-elle en sûreté, que lui-même, brisé par l'émotion autant que par la fatigue, tombe dans l'onde qui le roule et l'entraine jusqu'au gouffre béant où il disparaît à jamais.

Quand Emma, revenue à elle même, vit, hors un seul, tout le monde rassemblé autour d'elle, le visage morne et attristé, l'affreuse vérité se fit jour dans son âme ; elle n'en douta plus, Vaillac avait péri, victime de son dévouement.

— Vaillac ! Vaillac ! fit-elle avec un cri déchirant, puis elle se tut et son regard prit un air étrange.

Après un instant d'un silence lugubre, elle murmura le verset suivant :

> La fleur de mai lève son front timide,
> Dans nos jardins les roses vont fleurir,
> Heureuse, o toi que ce mois voit mourir ;
> Vierge au front pur, innocente et candide,
> Sur ton tombeau tes compagnes en pleurs,
> Viendront jeter des parfums et des fleurs.
>
> Sur ton tombeau tes compagnes en pleurs,
> Viendront jeter des parfums et des fleurs.

— Thérésa, t'en souvient-il, il a chanté ainsi, dit-elle. Un effroyable sourire passa alors sur ses lèvres, puis elle tomba dans une morne apathie...... elle était folle.

. . . .

. . . .

Quelques jours après, les portes du château s'ouvrirent et laissèrent passer un blanc cercueil. C'était celui d'Emma qui, son amour mort, s'envola de cette terre d'exil et de larmes pour aller rejoindre son fiancé dans le sein de Dieu. Les pauvres, dont elle s'était toujours montrée la sœur, la suivirent en pleurant jusqu'au lac, mêlant leurs gémissements et leurs larmes aux prières du prêtre.

Le cortége s'arrêta au bord du lac, et le prêtre ayant béni le gouffre qui allait être le tombeau d'Emma, le cercueil glissa dans les eaux grondantes qui l'engloutirent à jamais.

ÉPILOGUE

Le temps qui détruit toute chose a fait disparaître peu à peu et le lac et le gouffre ; mais, moins cruel que la mémoire des hommes, il a laissé quelques vestiges de cette touchante histoire. Une fontaine a jailli aux lieux où fut le gouffre ; et son léger murmure, comme un soupir d'amour, invite encore à la rêverie. Près de là s'élève un village qui porte le nom de l'amant d'Emma ; mais qui s'en souvient, et, parmi les femmes qui vont chaque jour laver leur linge dans le flot clair de la fontaine, quelle est celle qui pleure au souvenir de la jeune vierge !

A. DE RAGUIAUD.

IMPRESSIONS DE VOYAGE

Lettre III

(A MADAME O. ***)

Vous terminez votre aimable mais comme toujours trop courte lettre par certaines réflexions qui provoquent, sans les demander, des explications que je vais vous fournir et cela d'autant plus volontiers qu'au plaisir de vous être agréable se joint la satisfaction de réduire à leur juste valeur les assertions du frère de votre amie.

Le navire (et non les navires) qui s'est perdu dernièrement, est venu s'échouer contre les rochers en cherchant à entrer dans le port, ce qui, malgré le gros temps, n'eût certainement pas eu lieu si le capitaine eût connu la passe ou s'il y eut eu un pilote à bord. — Voilà quant « aux sinistres occasionnés par la tempête. » —Et d'une.—Quant aux nombreuses victimes du *Solano,* je vous déclare sincèrement que c'est la première fois que j'en entends parler. — Et de deux.

« A beau mentir qui vient de loin » dit un vieil adage, aussi, j'ai lieu de supposer que le frère de votre amie ne se sera pas arrêté en si beau chemin ; mais vous voilà dûment avertie.

Je ne prétends pas pourtant innocenter *le Solano* ; je reconnais volontiers qu'il commet bon nombre d'attentats à la santé publique et que sa violence occasionne pas mal de dégats ; mais après tout, ce n'est pas, tant s'en faut, comme on s'est plu à vous le dire, un *naufrageur* de profession, un meurtrier inexorable tel que le *Simoun,* ce terrible fléau, effroi des contrées soumises à son influence, qui anéantit les caravanes, renverse, brûle, déracine tout ce qui se trouve sur son passage.

Le Solano n'est pas aussi féroce. — Il ne l'est même pas du tout. —Il borne d'ordinaire ses méfaits à déterminer des rhumes de cerveau et des migraines ; à provoquer certains désordres dans les fonctions des organes digestifs ; à dessécher les fleurs, à dépouiller les arbres de leur parure et à développer dans la ville des émanations très-peu balsamiques.

Parfois, mais cela est rare, il pousse la turbulence jusqu'à briser maints carreaux de vitres et renverser de jeunes arbres dont la tête feuillue est trop copieuse pour le frêle tronc qui la supporte. — Ceci me remet en mémoire une de ses récentes incartades où il s'est montré aussi brutal que peu orthodoxe en démantibulant l'appareil pompeux élevé à grands frais sur le passage de la procession.

C'était pour la Fête-Dieu.

Dès la veille au soir, inondées des flots d'une douce lumière que répandaient en la tamisant, des myriades de lanternes vénitiennes aux brillantes couleurs, un grand nombre de rues et notamment celles de *Alonzo el Sabio* et de *Cristoval Colon* offraient un coup-d'œil des plus gracieux. Les façades de maisons étaient revêtues de riches tentures ; les balcons étaient ornés de guirlandes et de vases de fleurs. Des tentes fixées aux étages supérieurs et d'où pendaient des drapeaux, des oriflammes de toutes les nations, formaient le ciel de ces rues dont le sol était recouvert d'une épaisse couche de sable fin, de sorte qu'on aurait pu se croire dans de longues salles de bal champêtre. — La place de San Juan de Dios, couverte en entier par une immense tente soutenue par des poteaux de plus de cinquante mètres de hauteur, était également convertie en un vaste salon brillamment éclairé par des lustres, des guirlandes et des feux de Bengale, ayant pour orchestre le corps de musique du régiment d'artillerie qui occupait le balcon de l'*Ayuntamiento* et remplissait l'air d'une délicieuse harmonie — Partout se pressaient de joyeux essaims d'Andalouses belles comme elles-mêmes, devisant un peu trop bruyamment peut-être, en cette harmonieuse langue de Cervantes que Charles Quint appelait : *El Idionna de los Dioscs*. (A) — De distance en distance des reposoirs, des arcs de triomphe décorés de verdure et de fleurs. — Au dessus du fronton de la *Puerta del mar*, on voyait,

---

(A) La langue des Dieux.

cncadré de lauriers et de drapeaux aux couleurs nationales, un large écusson transparent représentant Hercule entre deux colonnes, s'appuyant sur deux lions. Ce sont les armes de la *Muy noble, muy leal y muy heroica villa de Cadiz,* car il faut que je vous dise en passant qu'en Espagne, indépendamment des qualifications arbitraires qu'elles s'attribuent avec assez de complaisance, les villes sont susceptibles d'acquérir des distinctions officielles ; ce qui, au reste, n'a rien d'illogique dans un pays où la manie des titres est poussée si loin. Il est tels Grands d'Espagne qui sont trois ou quatre fois Comtes, trois ou quatre fois Ducs, trois ou quatre fois Marquis.

Je n'ai pas à m'occuper des deux premiers titres de Cadix, que je regarde, de confiance, comme bien acquis; quant au troisième, elle y a des droits incontestables pour la valeur qu'elle a déployée chaque fois qu'il s'est agi de repousser l'invasion étrangère.

Nulle part on a idée du luxe qu'en Espagne on déploie à l'occasion des processions. Hommes, femmes, enfants, soit de la ville, soit de la campagne, se parent de leurs plus beaux habits. Quant au cortège, il me suffira de vous dire que seule la broderie du manteau de la Vierge, sans parler de l'étoffe qui est en velours fin et mesure plus de 100 mètres a coûté à la confrérie 30,000 francs...

Vers les 9 heures, le solano commença à souffler tourmentant les tentes et soulevant le sable des rues. A 10 heures il avait pris des proportions exceptionnelles, imprimant aux crinolines des convulsions très-alarmantes. Quant à moi, j'avais commencé par fermer les yeux dans la crainte de... être aveuglé par la poussière. — A 11 heures ce maudit vent suscité, sans doute, par Lucifer, avait éteint les lustres, les girandoles et les feux de Bengale, mis en pièces les tentes, les drapeaux et les tapisseries, arraché les poteaux. Des débris de verre, des lambeaux de toile, des morceaux de bois, des guirlandes, des branches de palmier jonchaient le sol ; c'était un vrai désastre. Santiago, patron de l'Espagne et en particulier San German et San Servando protecteur de Cadix devaient s'en arracher les cheveux de dépit. J'avoue que c'était un peu mortifiant pour des saints. On dit que leurs statues, qui se trouvent sur le quai, en ont trépigné sur leurs colonnes ; je ne l'ai pas vu.

Combien de belles dames arrivées pimpantes au lieu de la réunion durent regagner leur demeure, la guimpe fripée, la chevelure en désordre, le vêtement de soie et la mantille souillés d'huile, de poussière et criblés d'accrocs ! Combien de maris auront égaré leur femme ! Combien de papas auront dû retirer de dessous les pieds de la foule leur progéniture endommagée ! Combien de *Pollos* (A) auront eu à déplorer la perte de leur *chambergo,* (B) Et combien d'individus auront dû se bassiner les yeux en rentrant chez eux. — J'étais de ces derniers.

Maintenant que vous voilà suffisamment édifiée sur le caractère du Solano ou *Levante* qu'on appelle *Siroco* en Grèce et en Italie, je vous demanderai la permission de continuer mon voyage.

Or, le lendemain matin, je montai en wagon. Le convoi alla bien pendant deux heures, après quoi il commença à marcher avec une extrême lenteur, s'arrêtant à chaque instant. Les voyageurs ne cessaient de murmurer sans que pour cela l'allure du train en devînt plus vive. — Que se passe-t-il donc ? demandait-on, mais inutilement, chaque fois que le train opérait un temps d'arrêt. Enfin nous apprimes que cet état de choses était occasionné, ô sublime naïveté ! par la malpropreté de la machine... Nous aurions bien pu demander aussi pourquoi la machine était malpropre, mais nous n'en aurions pas été plus avancés. — Cependant comme cela ne pouvait durer indéfiniment, le mécanicien, anglais ou français, qui paraissait avoir un peu *siroté,* se détermina à se détacher du convoi pour aller prendre une autre locomotive que nous vîmes enfin arriver après deux heures d'attente.

Nous jouissions depuis une heure d'une locomotion qui ne laissait rien à désirer quand la machine fit entendre un siffle-

---

(A) Ce mot qui, absolument, signifie *Petit Poulet,* répond ici à *Dandy, Lion.*
(B) Chapeau de feutre souple.

ment prolongé qui appela notre attention, vu que nous ne pouvions être dans le voisinage d'une station. Ceux d'entre nous qui se levèrent pour regarder par la portière furent rudement rejetés sur les banquettes par une violente secousse qui ébranla la voiture... La locomotive et les deux wagons qui la suivaient immédiatement avaient déraillé... — Quelle était la cause de ce déraillement? Un baudet, un méchant baudet dont le maître, bipède que je n'hésite pas à déclarer plus âne que le quadrupède, voulait obliger à traverser la voie. Le pauvre animal était broyé. *Sic transit gloria mundi.* — S'étant tiré de là sain et sauf, le *borriquero* qui, pour abréger son chemin, avait trouvé commode de briser la clôture, s'enfuit à toutes jambes. — Les voyageurs n'avaient aucun mal. — Cet accident, dont il était impossible de transmettre la nouvelle, pouvant avoir pour conséquence une collision avec un autre convoi, nous descendîmes de voiture et, à l'abri de tout danger, nous attendîmes qu'on eût remis les véhicules sur la voie. Cette opération, qui dura près de deux heures, une fois terminée, nous reprimes notre route si souvent interrompue et arrivâmes, sans autre inconvénient à huit heures du soir à Cordoue.

Je tombais d'inanition, aussi fis-je grandement honneur au souper qui n'était pas trop mauvais pour une auberge d'Espagne, il est vrai que cette auberge d'Espagne était italienne.

Nous nous disposions à attaquer le dessert qui était abondant et consistait en fruits très-variés; je savourais à l'avance ces belles pêches, ces raisins muscats, ces énormes figues blanches dont l'Espagne a le privilège exclusif, lorsqu'une voix enrouée fit entendre ces paroles prononcées d'un ton solennel : *En coche Senores!* — C'était celle du conducteur des messageries, qui, la *mauta* sur le bras, le bonnet fourré enfoncé jusqu'aux oreilles, le *cigarrillo* à la bouche se tenait dans la pénombre de la porte. — Derrière lui arrivait tout souriant le *mozo de la fonda,* chargé du recouvrement. De sorte que, au lieu de porter à la bouche ces fruits savoureux, il fallut mettre la main à la poche. — J'ai la conviction que ces desserts d'hôtelleries de diligences ne se mettent sur la table que pour y figurer à l'instar des vases de fleurs et que le conducteur est payé par le chef de l'établissement pour appeler les voyageurs au moment opportun. Il en est qui, renchérissant sur l'expédient, n'attendent même pas qu'on soit arrivé au dessert. Ces drôles-là mériteraient qu'on renouvelât de temps à autre à leurs dépens, la plaisanterie du voyageur de commerce qui, ayant remarqué qu'on avait fait paraître sur la table plusieurs fois la même volaille, introduisit dans le ventre de la volatille un billet ainsi conçu : *Je vous préviens que je suis cuit depuis huit jours.*

Quoi qu'il en soit, pendant que le garçon allait chercher la monnaie d'une pièce de cent réaux que je lui avais remise, mes trois commensaux et moi, comme si nous nous fussions donné le mot, empochâmes oranges, pêches et amandes qui certes étaient bien à nous.

Moins favorisé que mes compagnons qui purent se jucher sur l'impériale, je dus, à mon grand regret, m'introduire dans ce compartiment de la cage ambulante, appelé *rotonde,* probablement à cause de sa forme carrée, entre deux Messieurs dont l'un paraissait avoir la pituite et l'autre exhalait une forte odeur d'ail et d'oignon, ce qui me fit supposer qu'il avait mangé du *gazpacho* à son souper. — Peut-être ne seriez-vous pas fâchée de savoir ce que c'est qu'un gazpacho ; dans tous les cas, en voici la recette.

On concasse tel nombre qu'on juge convenable de biscuits qu'on met à tremper dans la quantité d'eau qu'ils sont supposés devoir absorber. On triture dans un mortier de l'ail additionné d'un peu de vinaigre, et, lorsqu'il est réduit à l'état de mucilage, on le verse dans le vaisseau contenant le biscuit trempé sur lequel on a jeté de l'eau en proportion du double de son volume. On agite le mélange auquel on ajoute force tomates, cornichons, piments et oignons coupés en rouelles. des olives et des capres ; poivre et sel *Q. V.* — Certains « gourmets » font entrer dans la composition de ce mets des amandes et des pommes. — Riez tant qu'il vous plaira, quant à moi, je ne crains pas d'avouer que j'aime assez cette macédoine qui ravigote ; seulement j'en proscris les amandes et les pommes qui doivent être bien surprises de se trouver en compagnie de légumes dans un bain d'eau acidulée aromatisée d'ail.

De mes deux voisins de face l'un était un orfèvre cordovais au visage enluminé et bouffi, au nez en forme de topinambour, à la bouche en tire-lire et dont le ventre qui reposait sur ses cuisses comme une outre aux trois-quarts pleine, paraissait l'incommoder considérablement. L'autre était un Français commis-voyageur (les commis-voyageurs français ne manquent jamais dans les diligences de ce pays) long, fluet; possesseur d'un nez qu'on aurait dit en carton vu ses dimensions colossales et d'une immense barbe roussâtre qui aurait fait l'orgueil d'un capucin, tandis que son crâne, qui affectait une forme conique, était complétement dénué de cheveux. — Le gaulois aurait eu besoin du surcroît d'embonpoint de l'hispanien.

La voiture s'ébranla avec un grand fracas auquel se mêlait la voix retentissante du *zagal* (A) et eut bientôt laissé derrière elle les rues en pentes raides et mal pavées de Cordoue.

Tandis que la diligence roule sans trop de cahots sur la grande route, que le zagal adresse à ses quadrupèdes des discours alternativement flatteurs et injurieux toujours assaisonnés de jurons énergiques; tandis que mon voisin de gauche donne un libre accès à sa toux; que celui de droite n'interrompt les bouffées de sa cigarette que pour donner passage à certaines vapeurs bruyantes produites par la digestion laborieuse du gazpacho; tandis que l'orfèvre respire comme un soufflet de forge et que le commis-voyageur fredonne un air de vaudeville, je vais essayer de vous faire une légère esquisse de Cordoue. (B)

Déjà florissante sous la domination romaine, Cordoue était au Xe siècle, d'après plusieurs historiens dignes de foi, la ville la plus considérable de l'Europe, tant sous le rapport des lettres,

---

(A) Conducteur.

(B) Cordoue en espagnol, *Cordova*, des mots celtiques *Cor* habitation, contrée *dub* abondante, *ubay* rivière.

Cette ville a vu naître **Lucain** et les deux **Scnèque** sous les Romains; le savant **Averrhoës** et **Gonzalve** sous les Arabes, le poète **Gòngora** et **Ginés de Sepùlveda** dans les temps modernes.

des sciences, des arts. que sous celui de la magnificence de ses édifices et de l'importance de sa population. — C'était à la fois le centre du gouvernement général des Kalifes et la capitale du Kalifat de Cordoue, qui était la partie de l'Espagne la mieux cultivée, la plus industrieuse et la plus riche,

Dans un périmètre de cinq lieues, Cordoue renfermait deux cent mille maisons dont quinze mille grands édifices, cinq cents mosquées, sept cents maisons de bains, cent écoles publiques et cinquante hospices. En dehors de la population des faubourgs qui était très-nombreuse, elle comptait un million d'habitants. — De tous les points de la Péninsule, de l'Asie même, on venait étudier à son université. — D'innombrables caravansérails regorgeaient de précieuses étoffes, de riches tentures, d'armes de luxe, de bijoux, de parfums.

Aujourd'hui Cordoue n'a plus d'université et sa population qui s'élève à 60,000 habitants vit médiocrement de son industrie qui consiste à élever des chevaux, à fabriquer des chapeaux, de l'huile et du savon. — Le grand seigneur s'est fait épicier...

Quant à son aspect physique il est à l'unisson de sa décadence. De tant d'édifices, seule la *Gran Mezquita* (A) dont je vous parlerai tout à l'heure, a échappé, en grande partie, à la destruction générale.

Voilà où la faiblesse et l'incurie des rois, l'ignorance et la rapacité des moines, ont réduit ce foyer de lumières, cette Cordoue que Gonzalve avait trouvée si belle, si riche, si florissante ! — Tout ce qui n'a pu tenter la cupidité, tout ce qui n'était pas or, diamants, perles, a été détruit ou abandonné aux injures du temps... — La riche collection de tant de précieux manuscrits, trésors de science et d'érudition, livrée aux flammes ou lacérée ; les palais, les mosquées, chefs-d'œuvre d'architecture et de sculpture, démolis ou mutilés. Tenez, je cite au hasard. pour n'avoir pas l'embarras du choix.

Sur cette place que j'aperçois d'ici, une ouverture ogivale ornée de sculptures byzantines d'un goût exquis, donne entrée

(A) Du mot arabe *masdjid*, lieu d'adoration.

à une maison d'un étage ; c'était la porte d'une mosquée. — Ce mur de clôture dont la base est en briques vernissées de diverses couleurs et le haut en moëllons, c'était un édifice public. — Cette fonda dont la cour pavée de marbre a au milieu un large bassin de porphyre d'où jaillit une gerbe d'eau, c'était le palais d'un grand seigneur maure, ses élégants [jardins ont été convertis en... jardins-potagers ou en écuries.

Ce groupe de constructions noircies d'où s'élancent ces hauts palmiers et que domine cette vaste tour carrée couronnée de créneaux, c'était l'Alcazar. L'Alcazar, cette somptueuse demeure des rois Maures aux immenses et féériques jardins, ruines.....

Après l'expulsion des Maures, l'Alcazar fut habité par Ferdinand d'Aragon. Plus tard, *la Sainte Inquisition* à qui Charles Quint en avait fait présent, y installa son monstrueux tribunal. — Puis enfin, veuf de la présence des sinistres fils de Saint-Dominique que le vent des révolutions avait balayés, l'Alcazar s'endormit dans le silence et l'abandon et ne se réveilla plus que pour offrir ses murs lézardés aux courageux défenseurs de l'indépendance nationale.

H. C.

(La suite au prochain numéro).

Veulo, 25 mars 1866.

MON CHER JEAN DE LA VEUZE,

Votre charmant petit *Journal Bijou* est venu me trouver sur les bords de la Meuse. La Charente, qu'il m'est difficile d'oublier, est revenue plus présente à ma pensée, et je ne puis me dispenser de vous narrer l'anecdote suivante que j'ai entendu raconter sur ses rives.

Un seigneur de Balzac avait un singe de la grande espèce ; il était magnifiquement habillé d'étoffes éclatantes, et il se prélassait en imitant autant que possible la manière un peu ampoulées de ses seigneurs et maîtres ; sa place habituelle était au pied du perron du grand escalier du château, et sa main courante en fer lui tenait lieu ordinairement de siége.

Arrive un paysan, tenancier du seigneur, apportant sa redevance : douze belles pêches de ce beau pays où elles sont si appétissantes.

Notre singe était à son poste; le paysan s'incline bas, bien bas. Le singe bon enfant descend de son piédestal, prend une pêche qu'il porte vivement à ses dents, et, par le fruit alléché, il en prend deux autres et remonte vivement sur son piédestal.

Le paysan monte l'escalier; on l'introduit près du seigneur, à qui il présente ses pêches. Le seigneur les admire, mais constate le déficit et demande ce que sont devenues les trois autres.

— Nout'seigneur lui répond le paysan : J'avons rencontré Moussieu vout'fils au bas de l'escalier, il était farodement habillé, il a trouvé les pêches si belles, qui n'en a pris trois.

La chronique ne m'a pas dit comment le seigneur avait trouvé la réponse.

Si vous daignez accueillir ma petite anecdote, je ferai mes efforts pour vous en envoyer d'autres des bords de l'Escaut et de la Dyle.

Votre bien dévoué,

JEAN DE GAUD,
Ancien caporal.

CARRÉ

Les mots nous ont été envoyés par M. TONTON (PIERRE)

(1)   Si petit que je sois, fort isolé sur l'onde,
        J'ai produit un géant qui fit trembler le monde,
        Et le flot écumeux qui voudrait m'engloutir,
        Lentement à mes pieds s'incline et vient mourir.

(2)   En fougueux échelons, ma terrible colère,
        Par deux fois chaque jour s'élance vers la terre;
        Mais le roc immobile arrête mes fureurs,
        Et je rentre chez moi tout couvert de mes pleurs.

(3)   Je suis si peu de chose et si peu l'on me prise,
        Qu'on me met de côté quelle que soit ma mise;
        Je suis toujours celui que tout bon acheteur,
        Repousse avec dédain et non avec horreur.

(4)   Ma fleur est labiée et je suis une plante,
       Qu'Esculape connaît et que sans cesse il chante.
       La donnant pour remède aux malheureux souffrants,
       Qui, par elle souvent, reviennent bien portants.

(5)   L'habile horticulteur de moi fait bon usage ;
       Si fort est mon pouvoir, si grand est mon ouvrage,
       Que l'arbre qui n'aurait produit que des piquants,
       Dès que j'entre chez lui donne des fruits charmants.

Scipion TOBY.

CHARADE

Le nautonnier, surpris par l'orageuse mer,
Ballotté par les vents, les flots du gouffre amer,
Désire mon premier, lutte, se désespère,
Et d'un nouveau Neptune implore la colère.

Aimez-vous mon second ? Si tel est votre goût,
Restez seul, éloigné des femmes de bon goût.
Savourez en secret, et pur de tout mélange,
Ce produit détesté par son odeur étrange.

Aussitôt que l'hiver a fait place au printemps,
A l'aubépine en fleur, et qu'à tous les instants
La nature se pare et devient plus coquette,
Le dimanche au village est un beau jour de fête :
Femmes, enfants, vieillards passent sous mon entier,
Vrai chemin du bonheur, des âmes le sentier.

L. A. JUMIN.

Le mot de la Charade A du dernier Nᵒ est. . . . . . DÉCOUDRE.
Celui de l'Énigme B est. . . . . DICTIONNAIRE.
Celui de la Charade C est. . . . . VIN CHAUD.

La réponse à la Devinette D est :
Parce que Christophe Colomb les a DÉCOUVERTS.

A seul répondu aux trois premières questions M. Ed. Cluzet, à Cubnezais. Nous lui accordons les quatre primes, et nous rappelons à nos abonnés que toutes les primes dues sont à la disposition des gagnants. Elles doivent être choisies parmi les personnages publiés jusqu'à ce jour. L'envoi en est fait *franco*.

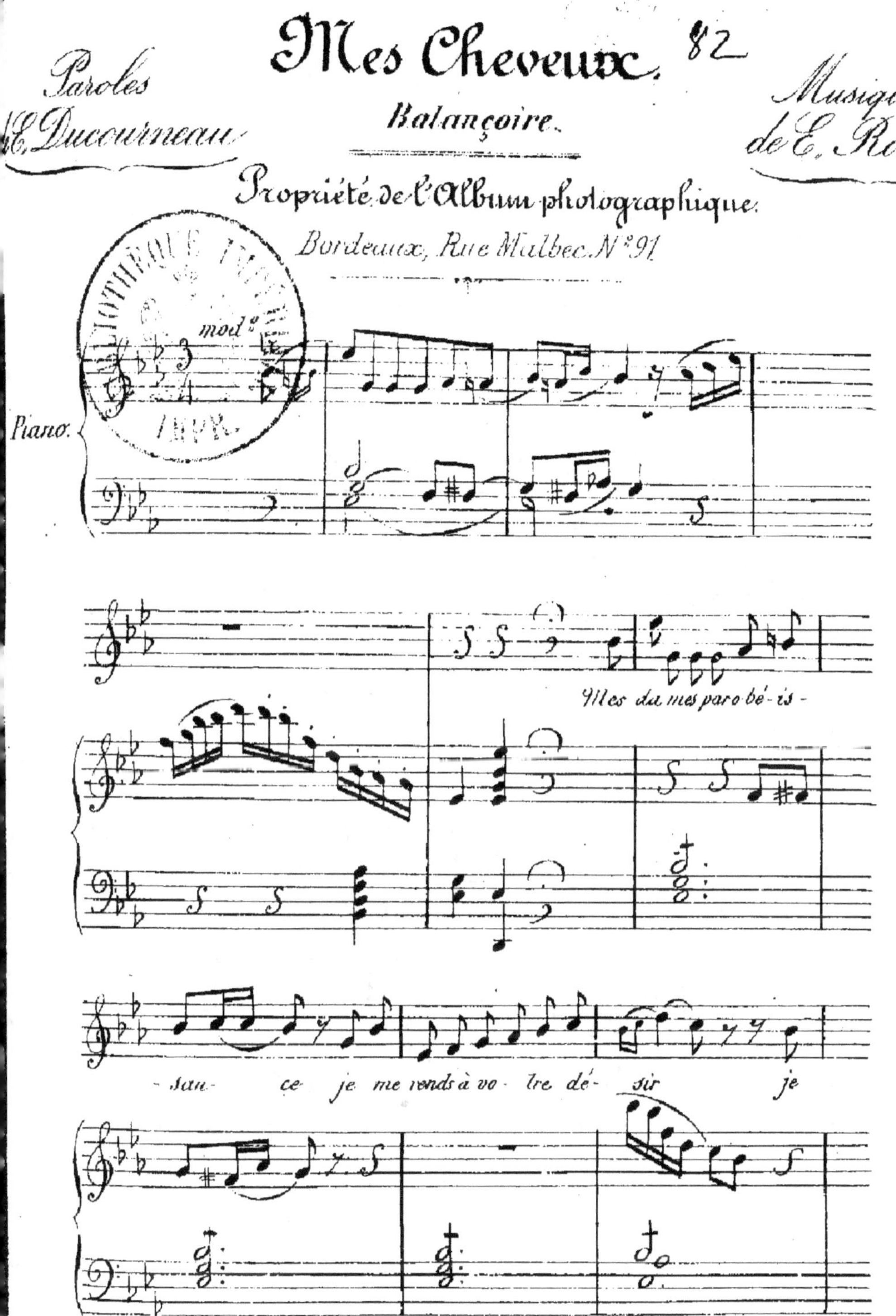# Mes Cheveux. 82

Balançoire.

Paroles / E. Ducourneau

Musique / de E. Rosée

Propriété de l'Album photographique.
Bordeaux, Rue Malbec. N° 91

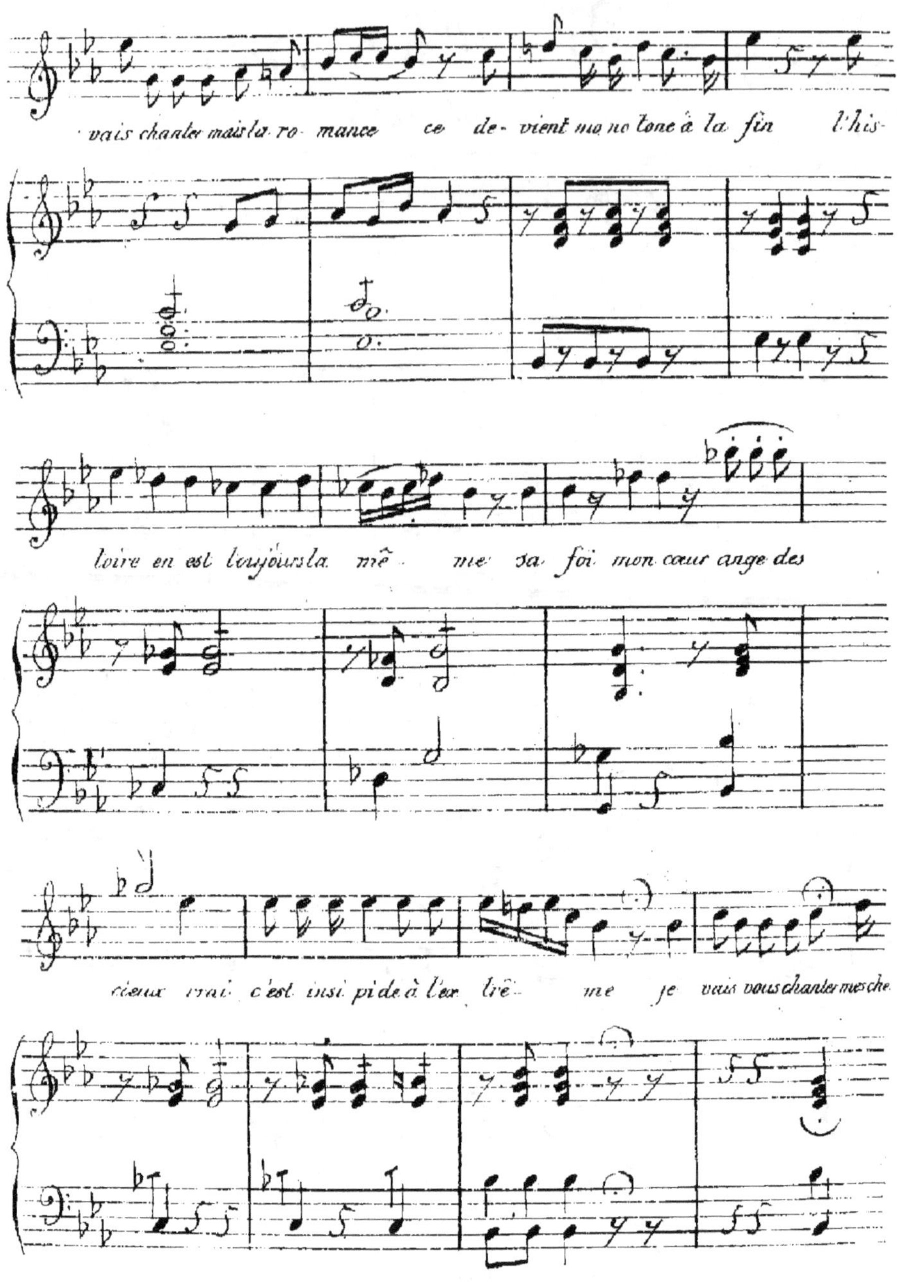

vais chanter mais la ro mance ce de- vient mo no tone à la fin l'histoire en est toujours la mê me sa foi mon cœur ange des
cieux vrai c'est insi pide à l'ex trê me je vais vous chanter mes che-

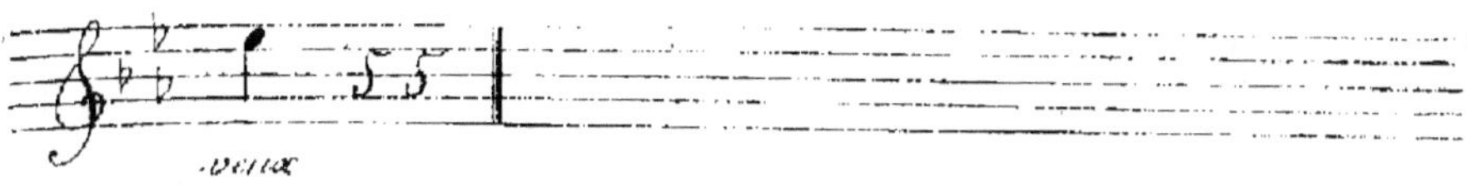

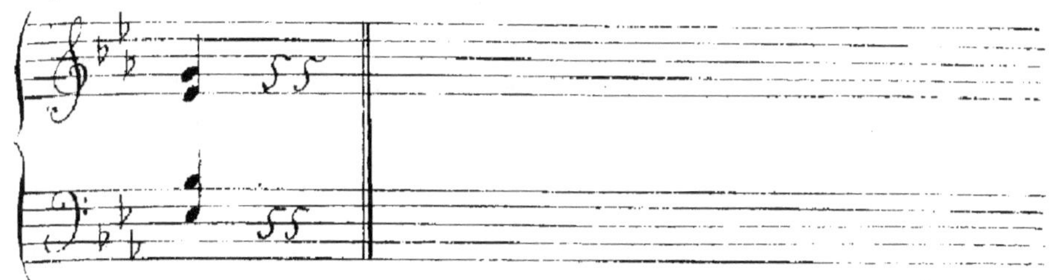

2°

Cela vaudra, je le suppose,
Mieux qu'un sujet où fadement,
L'auteur vous compare à la rose
Aux étoiles du firmament
Mieux que la douce rêverie
Où toujours un tendre amoureux
Jure qu'il va quitter la vie
Je vais vous chanter mes cheveux

3°

Parbleu, je pourrais bien vous dire
Plus ou moins poétiquement
Que vous avez un pur sourire
Qu'en vous enfin tout est charmant
Puis selon l'art et la tactique
Fendant un accord langoureux
Et voir le sanglot méthodique
Je vois vous chanter mes cheveux.

4°

Encore un mot et je commence :
On prétend que le trop d'esprit
Est un symptôme de démence ;
Bref, mettons que je n'ai rien dit ;

Maïs, que vois je à cette pendule ?
Minuit, recevez mes adieux.
Une autre fois, sans préambule
Je vous chanterai mes cheveux.